ME ANIQUILA

ALDA MERINI nació en Milán en 1931, en una casa que poco después sería derruida por las bombas. Hija de un dependiente de una aseguradora y de una ama de casa, a los quince años empezó a escribir. Sus primeros libros de poemas fueron celebrados con unanimidad por los grandes poetas de su época, entre ellos Pier Paolo Pasolini. Su vida y su obra estuvieron marcadas por sus más de veinte años de ingresos en manicomios, donde fue sometida contra su voluntad a la soledad y a tratamientos brutales. Fruto de estas experiencias son sus libros autobiográficos *La otra verdad* (Mármara) y *La loca de la puerta de al lado* (Tránsito). Fue madre de cuatro hijas, a las que tuvo que dar en adopción. Considerada una de las últimas poetas místicas, sus versos aspiraban a la ascesis en la vida y a conciliar los símbolos sagrados con la potencia del placer erótico. Reflejo de ello son *Cuerpo de amor*, *Magníficat*, *La carne de los ángeles* y *Padre mío* (Vaso Roto), libros a los que pertenecen los versos de *Me aniquila*. Siempre estuvo profundamente anclada a la historia cultural de su ciudad de Milán, en la que vivió como una vagabunda, entregada a la marginalidad y a los marginados, acumulando objetos y poemas en hoteles y pisos de Navigli, y donde murió en 2009 a raíz de un cáncer. Fumó y amó infatigablemente hasta el final, en coherencia con su entrega total al placer y a las palabras: «Para mí la vida fue bella porque la pagué muy cara».

ME ANIQUILA

ALDA MERINI

Traducción de Jeannette L. Clariond

Selección de Luna Miguel

POESÍA
PORTÁTIL

Hay un movimiento secreto
al cerrarse el corazón
cuando los ángeles guardan silencio
y ocultan su propia sangre,
porque nadie sabe que el ángel
está hecho de nuestra misma materia.
Nadie sabe que la primera gota
caída de las rodillas de Dios
tenía forma de ángel.

De este libro surgiste,
ángel de la Anunciación.
Jamás habría pensado
que estas páginas
se transformaran en alas.
Las alas de los ángeles son cálidas,
su pensamiento vive dentro de la noche,
mas tú me hablas
en un espacio que no conozco.
Yo adoro las estrellas y la noche,
pero tú eres el canto de mi amanecer.
No entiendo
y te querría preguntar
si surgiste de mí
o si yo surgí de ti,
y no sabía que la carne
pudiera desaparecer
y dar espacio al pensamiento creador.

Los ángeles curan las llagas de quien cae
e inconscientemente se lastima por amor
pues el amor, que es la tragedia del hombre,
es también la tragedia divina,
cuando en un ímpetu de violencia
Dios creó no tanto el amor
sino la locura del amor.

De salto en salto,
de camino en camino
llego al demonio de la misericordia,
el que me exalta, me amonesta, me aniquila.
Demonio del sacrificio insolente,
ángel sin luz.
Y la tierra que arde en mi boca no es plegaria,
y la boca que arde en mis manos no es tierra.

Esta noche soñé el amor:
era tierno como vosotros y sin carne,
mas su respiro ha colmado mis noches
de desesperación y canto.
Así es vuestra mano que acaricia a los humildes
y los hace callados como los que aun sufriendo
aún no logran morir.
Pero ¿qué es la muerte
si no un árbol enorme lleno de canto?
Yo soñé un hombre
pero este hombre estaba todo moldeado por Dios.
Una parte de este hombre estaba en vuestra boca.
Y todos los hombres han sido amados y devorados por
[los ángeles
en su inmenso amor.

Ángeles,
genios universales del bien,
vosotros arreciáis sobre nosotros
como las mejores nubes de la tierra
y nos dais un lavatorio de lágrimas,
lágrimas que fecundan nuestras manos,
manos en espera del gran juicio.
Mas cuándo se alzará el telón de la vida
y se verá qué máscara usamos
para no mostrar nuestra fe
y con cuántas palabras equivocadas
hemos pavimentado nuestras calles,
ángeles, vosotros separaréis las palabras buenas de las malas,
las palabras inútiles de las llenas de ira
y preservaréis las palabras de paz.
Y basta una palabra de paz
para exaltar el cáliz en que Dios
vertió el néctar de su amargura.
Fuera al menos nuestra la amargura divina,

el llanto innumerable de esta gente
que no sabe redimir su dolor
y que de él se lamenta
como si el dolor fuese un castigo,
cuando es la mejor cópula
con el amor divino.

Nada puede cantar el silencio mejor que vosotros,
sin embargo vuestra materia es el beso.
Vosotros con un beso turbáis las mentes,
con un beso tocáis los orígenes de la tierra.
Vosotros con un beso rozáis las alas de los otros ángeles,
y vuestros labios son promiscuos y atentos,
y vuestros labios son pétalos de rosas
y no dan flores,
y vuestros labios son polen vivo
puesto que santifican a los hombres.
Ninguno de vuestros besos cayó al suelo,
ninguno de vuestros besos cometió pecado
porque si los labios de los ángeles se tocan
generan luz.

Cuando un ángel pasa cerca de Dios recibe
el eterno mandamiento de la lucha, y se enfurece
y golpea al demonio que intercede por otros ritos.

El ángel es vigoroso como un héroe y muerde
al demonio en sus tinieblas.

Lo hace con los dientes de su fuerza, lo hace
con el sentido de justicia, y cuando ve este terror
alzarse hacia el cielo, lo regresa directo al
infierno. Y es una lucha cuerpo a cuerpo que
yo hice, amor mío, con mi deseo que mordía
mi carne y quería verme muerta.

Los ángeles no quieren que una mujer muera
por amor, ni tampoco quieren que resurja para
la venganza.

Los ángeles no son ni para el amor ni para
la venganza. Los ángeles son tan solo un sonido,
un sonido de amor, una gran extensión de tierra,
una Palestina ausente.

Los ángeles son el eterno castigo para alcanzar
la gracia.

Cuando te sueño me pongo pálida como la muerte.
¿Qué prodigio es este
de estar tú y yo en otra parte
guiados por las manos de Dios?
¿Por qué somos dos manos tan dóciles
que cualquier ídolo puede llevarnos tan lejos?
¿Qué éramos antes?
¿Qué seremos después?
Cada noche me pongo mi ropa más bella
y tú me la quitas,
pero nunca lograrás hacer de mí una esclava.
También desnuda visto como reina
porque tú y yo nunca pecamos,
porque tú y yo nunca nos vimos.
Sin embargo nos vemos cada día,
sin embargo somos tan pobres
que ni siquiera tenemos que comprar la muerte
porque la vida nos la regala.

Cómo no seguir esta locura angélica
que nos da la certeza de que Dios existe,
este expandirse la única vía distinta de las tantas
callejas equivocadas de nuestra demencia.
Los ángeles, polvisco amoroso y evidencia
del hálito divino, pulmón del deseo,
flor que crece en la carne, flor que se identifica
con el yo y se planta al centro del amor,
hasta que nosotros, equivocando meta y aspecto,
amamos simultáneamente al hombre y a la mujer,
confundiéndolos con ese transcurrir de felicidad
que solo está en el rostro de Dios.

Yo que estoy cerca de la muerte,
yo que estoy lejos de la muerte,
yo que encontré un surco de flores
al que di por nombre vida
porque me sorprendió,
mucho me sorprendió
que de una a otra ribera
de desesperanza y pasión
hubiese un hombre llamado Jesús.
Yo que lo seguí siempre en silencio
y me transformé en discípula
de la espera del llanto,
yo te puedo hablar de él.
Yo lo conozco:
llenó mis noches con terribles estruendos,
acarició mis vísceras,
blancos dejó mis cabellos por el asombro.
Me hizo joven y vieja
según las estaciones,

me hizo florecer y morir
infinidad de veces.
Pero yo sé que me ama
y te diré, aunque no lo creas,
que siempre se preanuncia
con gran frescura en todo su cuerpo
y sientes como si volvieras a vivir
y tus ojos miraran por vez primera el mundo.
Y esta es la fe, y este es él,
que te busca por todas partes
aunque te escondas
para que no te encuentre.

Mas yo quisiera ir hacia ti
pues he descubierto
algo que permanece muy terrenal
en mi corazón:
el corazón de mi madre,
su nacimiento, sus confines, su amor,
todo lo que me enseñó
a comprender,
al mostrarme las flores del durazno
me decía:
niña mía, esta es la imagen
del Señor,
una floración continua,
una floración primaveral,
un almendro en flor.
Esta es la imagen de tu Jesús,
ese a quien tú amas.
Y yo comía aquellas flores
como si fueran las manos de Dios.

Puedo asegurarte que ninguna niña
tuvo tal sed de Dios como yo,
que jamás mujer alguna pudo hacer el amor
con una flor de durazno
sin raíces,
que volaba en el aire como una enorme cometa.

La isla desierta que tú y yo, Señor,
habitamos desnudos y solos
como Adán y Eva
en su principio,
la isla desierta que no necesitaba
los atavíos de la carne
sino tan solo de la transparencia
de un pensamiento iluminado,
la isla de carne y materia,
la isla de nuestros besos.
Si tú supieras, Dios,
que para conocer a una mujer
hay que amarla,
hay que penetrar en sus entrañas
y sentir el calor de sus gemidos,
entenderías qué es la pasión humana
que muere de amor
y se pierde porque quiere la muerte.
Y explícame Jesús

por qué el enamorado en ti busca su redención
y explícame entonces Jesús
por qué no alejaste de tu costado
ni a los amantes
ni sus pensamientos.
Los otros castigan el silencio del amor
con fiestas y tripudios y oropeles varios,
pero aquella que te ama
se viste de nada
y repudia incluso las palabras.
Tú entras desde la puerta de la mirada
y remueves las entrañas de los amantes
y tocas sus dolores.
Cuando pensé que un amigo malandrín
me hubiese robado mi amante
jamás creí
que el verdadero amante celoso
eras tú,
que no quieres dejar a los otros
la carne de tu carne,
el hálito de tu hálito,
pues al darme una forma
la cultivaste en tu jardín,
y tú conoces también el secreto de su muerte
y la arrojas a otra parte
para que esta alma se afine como navaja

y pueda al fin golpearte
para que tú, de nuevo golpeado
por un amor humano,
puedas dar tu sangre por nosotros.

Cuando de noche sueño
y me siento trastornada por el deseo
y te odio y te amo,
cuando digo a los vecinos
que alguien me seduce por las noches
y luego me abandona
y cuando de mí se burlan
porque no ven nada,
ellos no saben que hablo de ti,
mas lo que sucedió aquí tras estos muros
que los demás consideran desordenados y enfermos
lo sabemos tan solo tú y yo.
Pero yo no lo diré,
aun porque no vale la pena afirmar
una religión
que ya ha conquistado el mundo.

En estas frágiles cadencias
que son nuestros días maravillosos
hechos de poquísimas cosas,
de pequeños conventos de suspiro,
estos días maravillosos
en los que niego toda presencia, aun la de Dios,
para no sentirme obligada a amarlo.
En estos días veo el sol
por todas partes
mas no logro ver a Dios,
único candor de mi vida.
Y luego detrás de él
hay otro hombre
más grande,
más severo,
más poderoso,
un hombre que me enseña
el alivio del alma.
Pero no creo que mi alma esté enferma

si todavía puede llorar,
sonreír,
traspasar el umbral de esta casa.
Jesús,
eres en verdad un manto poderoso,
eres una playa inmensa,
eres un prado que nunca agoniza,
eres una flor que despierta cada mañana,
eres un canto,
eres mi propia mirada.
Muchos me ven a los ojos
y quedan extasiados
porque saben que te he visto,
que te he sentido,
o que por lo menos alguna vez
también te he traicionado.

«Yo no fui engendrada
mas surgí prepotente
de las tramas de lo oscuro
para asirme a toda confusión».

Me abrí como un libro
frente a Ti,
un libro lleno de medidas terrenales,
un libro pleno de flores de la juventud, Señor,
un libro pleno de mis suspiros de amor.
Y de pronto apareciste,
para mí, velada de azul,
para mí, gozosa en la ternura de mi adolescencia,
para mí, que me sentía joven
y dispuesta a todas las batallas de la vida,
para mí, que era dueña del escudo de la palabra.

Yo me digo,
enviaste un ángel,
y me pareció un dilema tan grande:
¿por qué no te manifestaste
como un padre celeste?
¿Por qué, mi Dios, me agrediste
con esta presencia angélica?
Tuve que cubrirme la cara
los oídos los ojos
para no sentir el estruendo de sus alas.
Dios, qué susto,
retumbaban en el azul
como dos grandes hélices,
y arrebatada en un torbellino
muy lejos del cielo
y lejos de la tierra,
en medio del aire,
como encontrarse
en un delirio total.

Había perdido de vista
mis pequeños placeres terrenales
y sin ser escuchada grité
que quería a mis compañeras,
que quería regresar con ellas,
que quería a mi madre.
¿A quién contarle
que fui alejada
por los vientos de mi plegaria?
¿Cómo contarle yo
—que soy humilde por naturaleza—
que tú me habías elegido
y me habías besado en la frente
y después en la boca?
Pero en la Biblia está escrito
que la mujer debe parir
y tú no me libraste de este dolor,
porque yo llevaría en mi vientre
al hombre Dios,
que no se libraría de los dolores del hombre.

Mi alma fluye hacia Ti como la luz,
mi alma que se deforma
y deviene plegaria,
mi alma que es un bosque de canto,
el alma, siempre el alma,
que es tu mano que me acaricia.
Pero ¿por qué, Dios,
la piedra de mi lengua
se hizo sabia,
se hizo flor?
Tú no sabes lo que son
tus manos sobre mi cuerpo
y tu voluntad divina.
Yo soy tan solo una tierra adolescente,
una tierra que deviene flor
y una flor que deviene tierra.
¿Por qué virgen si soy madre de todos?
¿Por qué madre si soy una virgen sin confines?
¿Por qué la duda atroz de la fe?
¿Por qué esta gran crucifixión amorosa?

En toda alma hay un árbol secreto,
un nido hueco
donde el hombre querría depositar
su propia sabiduría.
Pero como hijo de Dios
e hijo del hombre y también criatura,
el hombre siempre ha sentido la necesidad
de semejarse a quien lo creó,
como todo hijo a su padre.
El alma es la huella de la creación
que el hombre lleva dentro.
Pero el alma puede transformarse en culpa
si no está colmada de verdad.
La culpa es el error de los otros
que se insinúa en nuestro claustro
y deviene nuestra criatura nocturna.

La pasión es un invierno.
Desearías una caricia
pero cae sobre ti
una mano llena de espinas,
una mano vulgar y distraída
que te habla de muerte,
de abandono,
de espacio clausurado.
El miedo de que el hombre o el pensamiento
enturbien los torrentes de tu infancia
entonces deviene plegaria fervorosa,
una botella que lanzas al agua
deseando que la recojan los ángeles.

Me decías
que el amor es desnudo y solitario.
Y al hablar parecías
gravitar en torno al universo.
Y yo te seguía,
consciente de que aun si caminaras sobre la nada
jamás habrías caído.
La Nada era el mar
que tú milagrosamente atravesabas.

Si Eres mi mano,
mi dedo,
mi voz,
si Eres el viento
que me descompone el cabello,
si Eres mi adolescencia
tengo el derecho de servirte
y el deber,
porque la adolescencia
jamás le pidió nada
a sus estaciones.
Tú me tomaste
porque yo no era una mujer
sino una niña
y las niñas se acogen
y se envuelven de misterio.
Tú me convertiste en mujer, Señor,
y la mujer es tan solo
un puño de dolor.

Mas no golpearé
mi pecho
con este puño,
lo abriré hacia Ti
como la mano
que pide misericordia.
Eres mi mano, Señor,
Eres la vida,
y cuando una mujer da a luz un hijo
la desgracia y el amor
habitan en ella
como la duda de su existencia.
Tú me redimiste
en mi carne
y seré eternamente joven
y seré eternamente madre.
Y después de redimirme
pusiste junto a Ti
la piedra de Tu resurrección.

Los ángeles cambian a menudo su destino y su sabiduría tiene un camino desconocido pues el vértice supremo de la bondad es Dios; pero nacen también del respiro de la naturaleza y son las hojas del continuo devenir del mundo.

Cada madre lleva a su lado un ángel porque la misma naturaleza puede vigilar a su hijo mas no puede cambiar su destino.

Y el tremor de una madre es igual al tremor de cada ángel cuando ve que el hombre se aleja del recto camino.

La angustia de los ángeles, su llanto, su cuidado, es lo que sentimos nosotros al perder un amor.

A los ángeles debemos nuestro lenguaje y nuestra mirada.

Ellos son granitos de hielo que se trasforman en embriones de luz y son tan tiernos que se convierten en lirios y flores según el deseo del hombre.

Cuando el hombre es un niño, cuando se conserva puro, los ángeles juegan con su corazón y nadie oye las risas que los niños y los ángeles intercambian en el corazón de las noches.

Yo soy la mujer de Dios,
Aquel que ha besado las carnes
de mi estulticia
con el fuego de Su Amor
y las volvió candentes.
Yo soy la amante de Dios,
aquella que Lo ama
y que en Él transmigra
como una hoja.

María,
hay unos vientos
que arden y gimen en nosotros,
y dividen nuestras partes íntimas
en tantos flagelos
y nos quiebran los huesos
y son las tentaciones,
los proyectos equivocados,
las huellas indisciplinadas,
los féretros de los muertos
que según nosotros no tienen resurrección.
Cuán inmodesto es el hombre
al pensar que el invierno todo lo congela
sin confiar en la primavera.
El hombre bebe su propio odio
como un buen vino,
si más odia, más ebrio se siente,
y si más ebrio se siente
más abandona
las riberas de tu juventud.

María era una mujer que llevaba en el alma la poesía: para ella un ángel podía ser una visita de todos los días.

También el pensamiento de María era angelical, y no vaciló en decir su sí, en manifestar su obediencia.

La obediencia no teme a la muerte ni al sufrimiento, el que obedece recorre muchísimos caminos y nunca está solo.

Obedecer a Dios era como obedecer al universo.

María acepta el amor en alegría y al hijo en alegría, sabe que jamás será suyo, como todos los hijos de este mundo, y también sabe que debe guardarlo en su corazón, y con el hijo también el sufrimiento del hijo.

Por cierto Jesús que tenía su camino no podía obedecer el corazón terrenal de María que quería para sí toda la carne del hijo.

Se la dio a los demás, se la dio a sus enemigos, para que comieran de ella, para que el hombre Dios se volviera alimento y sustancia de todos los días.

El poeta, ave inmaculada,
no deja huellas y las deja por todas partes:
es un sueño aferrado
a los hombros del amante,
es un águila que no duerme
y que se arquea,
y es un arcoíris
que baña los confines de la tierra
pero se pierde en el vacío,
y es prisionero del Dios de los abismos:
entonces deviene una piedra de esmeraldas.

Si te quiero es porque viajo sola,
en un barco soleado
que siente todas las tormentas,
almas vivas atravesando
el purgatorio de su existencia,
almas que se golpean el pecho
para oír el estruendo de la poesía.
Hay mujeres que transitan
el camino de mi amor por ti
y arrojan sal en las heridas abiertas.
Son mujeres que quieren ganar
a toda costa,
no saben que el poeta calla
para no mentir.
Tal vez solo protege su verdad.

Me despierto y recojo mis sombras
una por una,
sombras que a mis pies cayeron por la noche
dejándome sin aliento.
De noche estoy desnuda
como el espanto,
y busco espantar a los demás,
aterrorizarlos,
para que no toquen mis viejas sombras,
las sombras del cuerpo:
cuántas memorias,
cuántos hijos,
cuántos desórdenes
y cuántos secretos pecaminosos.
Por las noches cierro mi puerta
y tú no has entrado,
estabas vigilando mis espacios.

Me lo habías dicho:
él vendrá y tendrá la muerte en sus ojos,
te mirará,
y tú, como una zarza,
arderás en llamas
y sentirás desleírse
tus pétalos rosados.
Ay de mí, tan frágiles,
viven en lo cálido de la esperanza,
en climas no glaciales,
los pétalos de tu amor maldito;
y tal parece que para todos los hombres
la condena está en el arte,
aunque en verdad esté en el suspiro de los amantes.

Nadie jamás ha visto un pensamiento,
nadie ha tocado la fuga
de un zorro que muere.
Tú que eres pensador
entendiste de mí
que nací de la hierba
y que muero a tus pies
pues quiero que me expliques
de qué está hecha la vida
y cuándo nuestro pensamiento
es besado por Dios.

Por tu rostro fluían
otras corrientes de sangre.
La sangre de las plantas
y la sangre de los animales.
La sangre de los santos.
Tenías el cuerpo de los resucitados
mientras morías y perdías la esperanza.
Dios hacía luminosa tu carne:
en ti estaba el cáncer
pero también una segunda multiplicación
de las células.
Como alba
emergiendo de la noche,
estabas naciendo.

Si tú no fueses bello,
si tú no hubieras sido entrometido ni trágico,
yo no te habría amado.
Pero aun sabiendo que venías del agua como la muerte
hice el amor contigo.
Te gustaba la flor de mi palabra,
la lengua secreta que ningún hijo jamás conoció
ni siquiera al momento de la concepción.
Te gustaba el compás de espera de mi corazón
y las lágrimas que di a mi genio
como una siembra.
Reacia a todo tipo de amor
entraste a invadir mi silencio
y no sé en dónde viste mis carnes
para desearlas tanto.
Y no sé por qué tuviste mi cuerpo
para después irte
con el grito de la última muerte.
Si me hubieras arrancado el corazón

o quitado el único miembro que me duele
o despegado mis junturas
no habría sufrido tanto
como cuando tú un día inesperado
me arrancaste la piel del alma.

Está triste mi corazón por esta tu ausencia privada
que crea otros amores.
Aquel que amamos
se inclina sobre otras jóvenes.
Aquel que amamos se dispersa en el viento.
Una rosa recién abierta
devoró tus besos intensos,
una rosa joven y blanca
devoró mi rostro.

De todo lo que quedó entre nosotros,
quizá un pétalo cerrado,
quizá un pétalo de muerte,
estos muros domésticos
que no retuvieron la fragancia del canto,
también un viento equidistante
entre cuerpo y espíritu,
entre espíritu y cuerpo,
Jesús, yo no te lo puedo decir.
Pero más grande es el pecador
en el desierto de tu fe,
como el pecado te ha herido, injuriado,
y ha sido el peor de tus talismanes,
como el pecado de Jesús
se concretizó en tu rostro bellísimo
hasta convertirse en sangre
y grumo de sangre,
como el pecado lava las injurias y las recrea,
como el pecado es ávido como el mosto

y hace libaciones eternas,
como el pecado suspira y exulta,
como el pecado cede y trastorna la fe misma
hasta devenir a su vez
el ritmo mismo de la fe.
Como el pecado es arte
y como el arte es pecado.
¿Puedes por tanto, Dios, distinguir el arte
de su pecado,
de su presunción de amor?
Yo no soy tan creador como tú,
no logro al igual que tú
hacer crecer a los hombres en su desierto
y hacerlos sufrir
arrancando
una a una sus raíces.
No conozco bien a tu perseguidor
puesto que yo misma
he gozado de tu cruz.
Pero el demonio
que es el progenitor de los temores
¿no será puesto en un bello cuadro
y adorado por siglos?
Nunca me he entusiasmado
por los cuadros siempre nuevos,
mientras cuento a tus espaldas

mis arrugas por las noches,
mas esto no me produce amargura,
cuando he llorado hasta ser
un solo surco de lágrimas
y nadie lo ve,
y eternamente pareceré aquella que miente
y que habla una palabra injusta.
Sin embargo yo te amo
y digo que tú para hacerme vivir
tuviste que renovar mi rostro
hasta hacerlo cuestionable
y lleno de gusanos angelicales,
porque la vida al volverse inhumana
hace imprecar al hombre contra ti
y contra la piadosa vergüenza
que me mantiene joven.
Así caen los huéspedes en mi calendario
y las víctimas de mi escarnio.
Así a mi vez
luego que los demás me hicieron
atrozmente sufrir
yo me convertí en Fausto
y ya no me importa la primavera,
ni las rosas,
ni todo aquello que perseguía
cuando niña,

cuando creía que las rosas caminaban
en el día y en la noche,
que las rosas eran elfos
y hadas disfrazadas sin palabras.
Pero yo te pido un regalo,
ahora,
el regalo de una lágrima.

Nadie se percató de él
cuando pasó inerte y callado
entre la sombra y la luz,
el que recorrió la tierra
en todas sus longitudes,
que vistió andrajos
pues nunca le preocupó su belleza.
Nadie se percató
que en torno suyo el universo
le jugaba una infamia
y que era una gran colada
de sudor y amor,
nadie lo había visto.
Aun así todos le seguían,
buscando tocarlo,
entenderlo,
saber cuáles eran sus desobediencias.

El pensamiento de Dios fue un pensamiento gigantesco, un pensamiento tan enorme que devastó albas, ocasos, tierras, tinieblas, un pensamiento que jamás podríamos entender pues es de una vastedad tan bella como inútil, comparado a nuestros deseos.

Esto me ayuda: tenerte, robarte, y en donde estés, aun al lado de otra mujer, conservar en mí tu imagen.

Entonces, después de tomarla, empiezo a respirar, pues sin ti, no tengo aliento.

Eso fue Jesús: un gran aliento, y todo nuestro amor nos llega de él pues él amó tanto que no logró abandonar a sus discípulos ni siquiera después de su muerte: regresó aquí para mostrarnos que estaba vivo, antes y después del sueño.

Para sentir el abrazo del dolor es necesario orar para que el dolor no destruya nuestras pobres fuerzas, para que la carne terrena como la muerte no se transforme en un perro callejero devorado por mil lobos.

Así se es eterno, vistiendo la propia carne de la miseria y guardando para sí ese conocimiento del amor que es privilegio tan solo de santos y profetas.

Toda cosa bella se vuelve pasajera en las manos de los hombres, pero toda cosa bella besada por Dios se vuelve una rosa roja plena de sangre.

Ángeles,
que cerráis las puertas del sueño,
ángeles,
que abrís nuestras esperanzas,
ángeles,
que nunca gozáis de tierra ni reposo
ya que el amor
es el largo descanso del sueño.
Ángeles,
que reposáis en Dios
y sois la dinámica de su pensamiento,
escuchad el alivio de la tierra
y el hálito de la materia,
la sombra de la luz,
el golpe de la extrema desesperación.
Ángeles,
que a donde quiera lleváis el pan celeste
y cuyos labios jamás
han sido besados

ni siquiera por el pensamiento.
Vosotros no tenéis ni labios ni corazón
sin embargo sois un sueño
de purísimo amor.
En el vuelo está vuestro misterio.
Toda vez que Dios piensa
crea un ángel y lo deforma
según su pensamiento.
Nosotros hombres de la tierra
somos deformados por vosotros,
somos jorobados, lisiados, silenciosos amantes,
jamás tendremos vuestro desapego
del cielo y de la tierra.
Vosotros sois sombras irradiando luz,
Vosotros sois sombras centellantes,
y también por las noches las montañas
resplandecen con vuestra presencia.
Vosotros sois el volcán de Dios,
vuestras cenizas se dispersan por todas partes
y sois los muertos y el amor,
y sois muertos y resucitados,
y sois muerte y resurrección,
pero sois también la gran vendimia
de la eterna sonrisa.

Mis rodillas
ávidas de mucho camino
fueron concebidas
por tu gracia.
He tenido que reposar
al pie de la montaña
sin jamás superarla
mas Te agradezco
el haberme destinado a servir.
No para ser
una reina potente
sino una humilde sierva.
Tú me concediste
la contemplación.
He contemplado Tu Sabiduría,
he contemplado Tu Creación.
Vi de cerca
cómo Tú me creaste
y como Tú me bendijiste.

Supe todo acerca de Ti,
como toda mujer terrena
sabe todo sobre el hombre
que ama.
Ella lo conoce desde su infancia,
lo anhela en sus destinos,
lo aprisiona en sus delirios.
Así es la mujer que ama.
Pero Tú,
que no tenías principio,
me hundiste
en la carne angelical
donde no se nace
ni se muere
sino con su resurrección
y su grito.
Yo, María,
soy tu grito, oh Señor.
Con tu grito mariano
Tú trastornaste a las gentes,
con los velos de mi castidad
sembraste pudor
donde había vicio y odio.

En ciertos momentos de la vida se manifiesta en el corazón un punto ajeno a nuestra percepción, otra realidad, el programa de una existencia que no tendrá ni fin ni comienzo: una multitud de infieles que invaden tu guerra y tu paz.

Eras el único sacramento que conocía, un cura, un cura que despejaba las tinieblas, un cura que acariciaba aquellas carnes marchitas por la distancia, un cura que era la memoria.

Para recobrar mis antiguos recuerdos tenía que mirarte a los ojos, y tú me contabas lo que yo había sido desde la concepción hasta hoy: me hablabas de amor.

La belleza solo es el develamiento de una tiniebla caída y de la luz que de ella emanó.

Así es la resurrección, así es el milagro de un Dios que permanece en nosotros, y cada día vivimos porque junto a nuestra ala se eleva la tiniebla del cuerpo, aquella tiniebla del cuerpo que es la casa del alma, nuestra casa tenebrosa, nuestra casa que no está abierta para nadie.

Invisibles, giran en el aire las máscaras: me habría gustado hacer teatro, que el mundo oyera la potencia de mi voz.

Así nací: seductora y distraída, capaz de desnudarme y vestirme de nuevo en un instante.

Lo que importa es la escena, el espectáculo, la apoteosis.

Sí, he podido comprender que el hombre se deja burlar y que quiere ser el objeto de la burla, pero una abundancia de amor puede matarte de risa.

Raramente se cree en el amor, y a menudo en la farsa.

El hombre ha aprendido que para hacer reír necesita también saber llorar.

¿Qué es la eternidad? Una larga cadena de días, todos felices, que de pronto serán todos nuestros días, con nuestras caídas, con nuestros malos pensamientos, serán todos un gran aleluya frente al hecho de que Él, como nuestra madre, nos besará en la frente, y nos besará en la frente hasta la muerte ulterior, hasta las innumerables muertes que aún nos dará Su infinita dulzura.

El hombre suda porque conoce tus caminos, el hombre busca desesperadamente un camino, y cuando descubre que el camino es tu nombre te siente muy distante.

Porque siempre has estado en la cima de un gran desierto.

Porque la fe está en un desierto, todos lo sabemos, porque el desierto es agobiante, es arenoso, es vacío, mas los grandes enamorados quieren que tú vivas en el desierto, que tú vivas lejos de todos

Porque los enamorados son celosos, los enamorados son como el hierro: quieren trabajar tu carne hasta que tú te rindas, los enamorados te quieren muerta, los enamorados te quieren viva, los enamorados quieren traducirte en tantas hojas y después no te quieren leer.

Y así nacen los libros, en el amor, y así nacen los libros que nadie nunca lee, y así, antes de que el libro nazca, Dios lo deposita en ti como un manojo de fango que se hace luz.

Todos preguntan cómo escribir un libro: uno se acerca a Dios y le pide: fecunda mi mente, entra en mi corazón y llévame lejos de los demás, ráptame.

Así nacen los libros, así nacen los poetas.

Papel certificado por el Forest Stewardship Council®

Primera edición: septiembre de 2025

Printed in Spain – Impreso en España

ISBN: 978-84-397-4583-9
Depósito legal: B-9.997-2025

Compuesto en La Nueva Edimac, S. L.
Impreso en Huertas Industrias Gráficas, S. A.
(Fuenlabrada, Madrid)

RH45839